PHYSIOLOGIE

DE

L'IMPRIMEUR.

PARIS,

CHEZ DESLOGES, ÉDITEUR,

Rue St-André-des-Arts, 39.

PHYSIOLOGIE

DE

L'IMPRIMEUR.

o

Beauvais. — Imprimerie de Moisand.

o

PHYSIOLOGIE

DE

L'IMPRIMEUR,

Par Constant MOISAND.

ILLUSTRATIONS DE P.-EUGÈNE LACOSTE,

PARIS,
DESLOGES, ÉDITEUR,
Rue St-André-des-Arts, 39.

1842

A mes Amis

HENRI DOTTIN

et

Antonio WATRIPON.

GUTENBERG.

SONNET.

Dieu se dit : J'ai doté l'homme de la pensée ,
Mais ses brillans travaux sont un sablo mouvant
Où l'empreinte des pas , sous l'haleine du vent
Qui franchit le désert, est bientôt effacée.

Je veux que sa parole à jamais soit fixée,
Et qu'un léger tissu , muet auparavant ,
Par un secret de l'art soit un tableau vivant
Qui des mots offre aux yeux l'image retracée.

Dès que le créateur de l'univers eut dit,
Sur le front inspiré d'un homme il répandit
Un des brûlans rayons dont la splendeur l'inonde.,

Et cet homme inspiré, génie audacieux,
Aux enfans de la terre apparut dans les cieux
Comme un nouveau soleil qui planait sur le monde·

HENRI DOTTIN.

UN MOT AUPARAVANT.

uisque les Physiologies sont de mode aujourd'hui, puisque tout le monde veut se mêler de faire la sienne, ma foi, moi qui suis un peu Singe, et qui par conséquent veut faire tout ce que je vois faire , j'entreprends le type de l'Imprimeur, parce que je suis né dans l'Imprimerie, parce que j'estime cette honorable profession, et parce que je l'exercerai un jour s'il plaît à Dieu !

Je veux de suite entrer en matière : à quoi sert une préface; et puis, c'est si commun.

Si mon petit livre n'est pas de votre goût, ami lecteur, vous pardonnerez du moins la témérité de mon entreprise en faveur de ma bonne intention.

CHAPITRE Iᵉʳ.

Ce qu'était jadis l'Imprimerie.

Je ne veux pas donner ici une histoire étendue de l'Imprimerie; d'autres, avant moi, ont pris ce soin, et si l'on tient absolument à savoir ce qu'a été autrefois l'Imprimerie, on peut lire l'ouvrage de maître *Jean de la Caille,* imprimé en 1689 : c'est un joli petit livre doré sur tranche, que l'on trouve chez tous les libraires de nouveautés, qui en vendent un nombre considérable. Je dirai seulement que l'Imprimerie fut longtemps une des professions les plus honorées, les plus florissantes, et qu'il s'en faut qu'il en soit de même aujourd'hui. Pourquoi ? dites-vous. Pourquoi ? eh mon Dieu, par diverses causes que je vous dirai plus tard si vous avez la patience de me lire jusqu'au bout. D'abord, il faut que vous sachiez comme quoi l'Imprimerie jouissait jadis d'une considération éminemment distinguée. Dès son origine, l'Imprimerie obtint des encouragemens de toute espèce. Personne n'ignore que Louis XII lui donna l'Université pour tutrice, et que François Ier, désigné alors comme père des lettres, se faisait un véritable plaisir de visiter les ateliers des *Etienne*, qui demeuraient alors rue Saint-Jean-de-Beauvais. A des époques plus rapprochées, l'Académie française tenait ses séances chez *Camusat*, son Imprimeur.

L'Hôpital, le plus parfait modèle des magistrats, constitua les Imprimeurs en communauté, et ils obtinrent même de Louis XIII une chambre syndicale en 1618. Les princes ne se contentèrent pas même d'encourager un si bel art, ils voulurent aussi l'exercer. Le roi Louis XV, jeune encore, eût une presse dans son cabinet; et la dauphine, mère de Louis XVI, composa (1) un petit volume intitulé *Elévation du cœur à N.-S. Jésus-Christ*, imprimé par la princesse en 1758. Louis XVI lui-même, à seize ans, produisit son œuvre typographique à laquelle on donna pour titre : *Maximes morales et politiques*, tirées de Télémaque, et imprimées par Louis-Auguste, Dauphin. L'Imprimerie n'eût pas de plus beaux jours que dans les premiers temps de son établissement. A cette époque, naquirent des chefs-d'œuvre et se succédèrent les *Etienne*, les

(1) Composer, en termes d'Imprimerie, signifie rassembler les lettres d'une page destinée à l'impression.

Annisson-Dupéron, les *Camusat*, les *Coigniard*; tel fut le degré de considération, de prospérité, d'honneur, auquel l'expérience de trois siècles consécutifs avait élevé l'Imprimerie, quand la loi de 1791 proclama toutes les professions libres; et malgré l'édit de 1788 qui avait fixé le nombre des Imprimeurs, l'Imprimerie, comme les autres états, devint aussi libre. Ce fut alors qu'une foule d'Imprimeurs se répandit par toute la France, sans aucune solidarité et sans responsabilité d'opinion. L'empire vint qui, selon sa coutume, protégea en opprimant, et fit cesser l'anarchie au profit du despotisme. Il réduisit le nombre des Imprimeurs, mais il établit en même temps la censure et l'impôt du timbre. La restauration fut au moins aussi hostile à la presse, et depuis la glorieuse révolution de 1830, l'état, non de la presse, mais des Imprimeurs, est devenu pis qu'avant.

CHAPITRE II.

Des Imprimeurs - Marrons.

Les Imprimeurs-Marrons autrefois travaillaient clandestinement, et imprimaient des ouvrages contre l'état, les mœurs, la religion, les ministres, le roi, les magistrats ; bien entendu que lorsque ces industriels étaient découverts, ils encouraient des amendes et des peines corporelles. Voici une anecdote que je tiens de mon grand-père, et qui prouve combien les marronneurs étaient adroits. Un jour M. Lenoir, préfet de police (c'était en 1747), recherchait l'endroit où pouvait s'imprimer la *libre Gazette ecclésiastique*. Pendant qu'on faisait les perquisitions dans une des rues de Paris, où l'on soupçonnait très fort qu'elle dût se faire, on eut l'adresse de mettre dans le carosse de M. le lieutenant-général quelques feuilles de cette gazette toutes mouillées, qui venaient d'être imprimées, sur lesquelles on lisait : *M. le lieutenant-général de police est actuellement à la perquisition de notre gazette.* Toutes recherches furent inutiles, on ne découvrit rien, et M. le lieutenant-général de police

. . . . honteux et confus, Jura, mais un peu tard, qu'on ne l'y prendrait plus.

Aujourd'hui, il n'y a plus d'Imprimeries clandestines, et ce qu'on appelle *Imprimeurs-Marrons* sont tout bonnement d'honnêtes gens

qui n'ont ni loyers, ni presses, ni caractères,
ni responsabilité, mais qui travaillent seulement
sous le nom d'un Imprimeur breveté avec le
matériel de ce même Imprimeur, en lui payant
une somme convenue par an : ces messieurs,
sans craintes et sans risques, abaissent le prix
des labeurs, et préparent à la fois la ruine entière et la déconsidération de l'Imprimerie.
Voilà ce que le gouvernement tolère, et pourquoi nous disions tout-à-l'heure que depuis
1830 l'état des Imprimeurs est devenu pire
qu'auparavant : depuis cette époque, en effet ,
le nombre des Imprimeurs-Marrons ou bâtards
augmente de jour en jour.

CHAPITRE III.

Moyen d'obtenir un brevet d'Imprimeur.

Pour obtenir un brevet d'Imprimeur à Paris, la chose est facile. Dès que le demandeur succède à un ancien Imprimeur, il n'a tout bonnement qu'un placet à soumettre au Ministre en y joignant un certificat de capacité, un autre de moralité et l'extrait de son acte de naissance;

on satisfait de suite à sa demande, *cela va comme sur des roulettes*. Mais si c'est un nouveau brevet qu'on veut solliciter, c'est différent ; toute démarche est inutile : car si le gouvernement laisse MM. les *Marrons* travailler à leur aise, il tient rigoureusement la limite prescrite par la loi, et il n'y a jamais que 80 brevets.

En province, c'est autre chose, on accorde des brevets avec une facilité inouïe ; on voit maintenant des Imprimeurs qui s'entendraient beaucoup mieux à ramer des choux qu'à exercer cette honorable profession. En province comme à Paris, celui qui veut succéder à un ancien Imprimeur, reçoit une prompte satisfaction à la demande de son brevet. Pour celui qui veut créer une nouvelle Imprimerie, voici ce qu'il fait pour réussir. Il attend le moment des élections politiques ; s'il est électeur, rien de mieux pour lui, il se présente chez le nouveau candidat que le parti le plus fort doit appuyer :

— Monsieur, lui dit-il, je suis électeur de cet arrondissement, et j'ai une infinité de cousins et de petits-cousins qui le sont aussi ; j'ai ouï-dire que votre intention était de vous

porter comme candidat; nul doute que vous ne parveniez à l'insigne honneur pour lequel vous êtes né : vos talens et votre bienveillance à l'égard de tous doivent être pour vous un sûr garant de réussite. Du reste, Monsieur, comptez sur mon entier dévouement et sur celui de mes cousins et petits-cousins; je vous donne ma parole d'honneur que vous serez infailliblement député...»

Le futur député s'incline alors respectueusement, il presse la main de son nouveau patron, et lui demande d'un ton poli quels sont les motifs qui lui valent un ami de plus.

—Il est flatté, ajoute-t-il, de faire connaissance avec un homme dont on dit le plus grand bien, et il sera même enchanté si son aimable coadjuteur veut bien venir partager son dîner.

Il est clair que notre Imprimeur en herbe accepte, ce dont le futur député est vexé intérieurement.

L'hôte arrive à cinq heures; on se met à table, on cause beaucoup, on s'échauffe, et le champagne disparaît d'une manière à effrayer n'importe quelle grisette du quartier latin ; mais l'invité qui a saisi le moment opportun , glisse dans le courant d'une conversation animée les paroles à peu près suivantes :

— Convenez, Monsieur, qu'il est pitoyable que dans un département tel que le nôtre, la presse en soit réduite à de stupides Imprimeurs qui ne font des journaux que par intérêt et qui jettent d'odieux projectiles à la face d'un homme que tout le monde honore, et qui bientôt, je l'espère, sera notre député. Oui, hier encore, Monsieur, dans son numéro, cette feuille multicolore et si mal rédigée disait de vous les plus grossiers mensonges , et toute la ville est indignée qu'aucun autre journaliste n'ait osé réfuter aujourd'hui l'article qui certes, sans la bonne opinion que chacun a de vous, pourrait porter préjudice à votre candidature. Ah ! Monsieur, si j'imprimais un journal, comme je les retournerais ! Mais il est si difficile de nos jours d'obtenir un brevet : en vain j'attends que

M*** vende sa maison, et pourtant je me sens un goût très prononcé pour ce bel art de *Gutenberg*...

— Comment, s'écrie le futur député, vous voulez être Imprimeur?.. Mais, mon bon ami, rien de plus aisé ; que je sois député, vous aurez un brevet, je vous le promets.

— Vraîment, Monsieur, reprend le joyeux convive, vous seriez assez bon pour vons occuper de moi. Ah ! combien vous aurais-je d'obligation ! Vous serez député et moi Im-

primeur. Mais je crains de vous avoir retenu
trop longtemps, permettez-moi de me re-
tirer. A dimanche l'élection, à dimanche le
triomphe éclatant!!!.. »

Un mois plus tard, vous voyez s'établir
dans la province de l'heureux candidat qui
a été élu à une grande majorité, un nouvel
Imprimeur dont le premier soin est de fonder
un journal purement et simplement gouver-
nemental. Par là il espère obtenir les impressions de la préfecture, de la ville, de l'évêché,
et enfin de tout ce qui occupe la haute sphère
du département.

Il vise même encore à l'annonce :

L'annonce !... ô quel pouvoir !... c'est à qui la lira,
C'est, parmi les journaux, à qui l'insérera,
A qui, grâce aux profits que sa faveur dispense,
Sauvera du trépas une frêle existence,
Que, faute d'abonnés, même en plus d'un chef-lieu,
Ne pourraient conserver les calchas du milieu.
— Sauvez-nous, ont-ils dit au grand Martin-ministre,
Et Martin, qu'a touché cette plainte sinistre,
A répondu bientôt : — Croyez à mon soutien,

Jo ne suis , certes, pas garde-des-sceaux pour rien ;
Ergo , je vous protège , et grâce au monopole ,
Vais faire en vos bureaux affluer le Pactole ;
Nul , si vos magistrats adoptent mes conseils ,
N'aura d'insertions , hors vous et vos pareils ;
A l'opposition , je ferai sans scrupule ,
Dextrement avaler cétte amère pilule.
L'annonce de tout bien vendu par jugement ,
N'appartiendra qu'à vous, seuls, exclusivement,
Dût cet avis légal , lorsqu'ailleurs on s'abonne ,
Dans vos ternes feuillets n'être lu de personne.
Eh ! que m'importe à moi , que sans publicité ,
On adjuge , au palais, un terrain licité ?...
D'un débile mineur, d'un créancier farouche ,
Le plus grand intérêt est-il ce qui me touche ?..,
Non, il faut avant tout secourir aujourd'hui
Les excellens journaux qui se font notre appui ;
Lorsqu'un public railleur les moque et les délaisse ,
Il nous faut suppléer au vide de leur caisse,
Les subventionner, ô sublime projet !
Sans débourser un sou, sans grever le budget,
Mais en leur octroyant la féconde ressource
Qui d'eux seuls désormais enrichira la bourse,
En les faisant enfin largement moissonner,
Où jadis on les vit péniblement glaner.

Ainsi, par ce moyen savamment politique,
Fleurira parmi nous la presse dynastique,
Tandis que dépourvus, affamés et mesquins,
Périront les journaux carlo-républicains.

CHAPITRE IV.

De la position sociale d'un Imprimeur.

U n Imprimeur est un homme qui ordinairement a reçu une bonne éducation ; il est licencié-ès-lettres ou au moins bachelier. A Paris l'Imprimeur jouit d'une considération très distinguée, il est reçu chez les plus hauts personnages de la cour, lui-même il reçoit à son tour. Sa besogne consiste dans la surveillance de sa maison ; car tout le travail matériel de son imprimerie repose sur ses protes ; il mène une joyeuse vie, et voit, tout en s'amusant, s'augmenter la fortune de ses pères. Quand il a gagné assez d'argent pour satisfaire son ambition, il vend son établissement, et se retire dans n'importe quelle province.

Maintenant il n'aspire plus qu'à une chose, c'est à devenir membre du conseil général de son département. Quelquefois il vise à la députation : oh ! s'il était une fois député, il serait le plus heureux des hommes. Aussi fait-il le populaire ; et le voit-on poli avec les électeurs jusqu'au moment des élections ; après, c'est différent.....

En province comme à Paris, l'Imprimeur est également bien considéré. La seule différence qui existe entre l'Imprimeur de Paris et celui de la province, c'est que le premier ne fait souvent rien, et que le second travaille au-delà de toute expression. Vous le voyez occupé à la rédaction de son journal ; ensuite il corrige ses épreuves; après cela, vous

le rencontrez partout, il est à la recherche
des nouvelles et va lui-même s'entendre avec
ses clients ; puis des fonctions honorifiques
à remplir, car l'Imprimeur de province est
presque toujours conseiller municipal, juge
au tribunal de commerce, capitaine de la garde

nationale, et membre des sociétés philharmonique, d'agriculture, *etc.*, *etc.*, *etc.*....

Tout cela est bien du tracas, et pourtant il faut le faire. C'est un triste métier que d'être Imprimeur en province, — croyez-moi, ne le soyez jamais.

CHAPITRE V.

A propos de Singes et d'Ours mal léchés.

L e Singe, en terme d'Imprimerie, n'est tout autre chose qu'un ouvrier compositeur. Il tient ce nom des compagnons pressiers qui le nomment ainsi soit à cause des gestes drôlatiques qu'il fait en levant la lettre, soit parce que son occupation consiste à reproduire l'œuvre d'autrui.

Mais le singe s'en venge en infligeant aux compagnons pressiers l'épithète d'*ours* dont les a baptisés Richelet, et voici comment :

Un jour, cet auteur de l'Encyclopédie était chez son Imprimeur à examiner sur le banc de presse les feuilles que l'on tirait, et s'étant approché trop près de l'imprimeur qui tenait le barreau, ce dernier en le tirant, attrapa l'auteur qui était derrière lui et l'envoya par une secousse violente et inattendue à quelques pas de lui. De là, il a plu à l'auteur d'appeler les Imprimeurs des ours.

On appelle un gros rustre d'imprimeur un ours *mal léché.*

CHAPITRE VI.

De l'Atelier en particulier et des Singes en général.

C'est un assez joli coup-d'œil que d'entrer dans un bel atelier de composition, coupé longitudinalement par plusieurs rangs de casses en dos-d'âne, lesquelles casses sont divisées en autant de cassetins qu'il y a de lettres et de signes de ponctuation. Vous voyez devant

les casses des individus de toutes espèces, des
grands, des petits, des blonds, des bruns,
tous revêtus d'une charmante blouse d'une couleur quelconque, et le chef orné d'un respectable bonnet de papier fait par un habile
apprenti, qui ne manque pas de chanter en le
faisant :

> Voilà, voilà, voilà
> Le chapelier français.

C'est l'affiche qui décore l'atelier, et

Selon le but, l'objet, qu'au public elle expose,
Elle est verte, elle est jaune, elle est bleue, elle est rose;
Et sa diversité prouve aux regards épris
Combien sont différens les goûts et les esprits.
Pour être discerné dans ce papillotage,
Le gouvernement seul du blanc peut faire usage ;
Et veut par là sans doute, en montrant sa splendeur,
Témoigner qu'il est pur et prouver sa candeur.

Mais revenons...

Une fois entré, tous les yeux se fixent sur vous : si vous prêtez une oreille attentive aux chuchotements qui circulent de toutes parts dans la salle, vous entendrez fort distinctement ces mots : *Oh! c'te balle!..* Et croyez bien que cette phrase empruntée aux discours fleuris des dames de la halle ne va purement et simplement qu'à votre adresse. Vous êtes d'abord étonné du bruit occasioné par les rires et par les hum... hum... de MM. les compositeurs, mais vous seul êtes cause de tout ce tapage, et le prote qui vient vous donner toutes les explications dont vous avez besoin, crie un :

silence! à ébranler tout l'atelier, absolument comme le ferait en pareille circonstance n'importe quel huissier ; alors tout se tait dans l'appartement, mais chacun de communiquer ses conjectures tout bas ; les *cabots* (1) vous font des grimaces derrière le dos, et mes-

(1) Nom que les ouvriers donnent aux apprentis.

sieurs les compositeurs répondent à vos ques-
tions avec un air d'arrogance à faire pitié, et
affectent un sérieux emprunté au grandissime
M. Thiers lorsqu'il est à la tribune. Si vous êtes
journaliste ou auteur, c'est différent : le compositeur vous tend la main, vous appelle son
ami, et le cabot vous demande deux sous pour
jouer au bouchon. Vous arrivez les poches
pleines d'épreuves ; vous remettez votre copie
au correcteur qui entonne de sa grosse voix le
derlindindin, et tous les singes répètent en
cœur le derlindindin ; ce qui veut dire que
celui qui a composé la copie que l'auteur vient
de remettre a fait une infinité de bourdons,
doublons, coquilles, etc.

Il y a deux espèces de compositeurs : pre-
mièrement les ogres qui sont de bons pères
de famille, qui travaillent horriblement pour
gagner du pain à leurs enfans ; ils sont toujours
à la conscience, c'est-à-dire qu'ils gagnent un
prix fixe par jour. La seconde classe d'ouvriers
sont les *caleurs*, ou si vous aimez mieux les

goippeurs, qui , à chaque instant, se dérangent de leur place pour aller admirer la beauté d'un animal quadrupède qui se promène tranquillement sur le toit ; ou bien s'ils n'aperçoivent pas de chat, ils vont conter des *piaux* (1) aux autres caleurs leurs amis ; ceux-là travaillent aux pièces ; on leur donne de l'argent juste pour leur travail. Je ne veux pas dire que tous les ouvriers aux pièces sont des caleurs, seulement c'est une généralité que je fais. Quand le patron entre dans l'atelier, vous voyez tout le monde exact à son poste ; les compositeurs remplissent et vident leurs composteurs avec une rapidité étonnante ; et les cabots, l'étendoir à la main , s'appliquent à poser sur des cordes les feuilles encore toutes fraîches d'un roman du fameux Paul de Kock , qui doit faire incessamment le bonheur des portières, couturières, blanchisseuses, brocheuses, et autres noceuses. A peine le patron a-t-il quitté l'atelier, que les

(1) *Piaux* est un terme très trivial, mais bien connu dans l'Imprimerie ; il signifie blagues, mensonges.

caleurs s'applatissent sur leurs casses (1), ou recommencent leurs excursions naturalistes. Ce n'est qu'à regret que vous quittez un bel-védère aussi enchanteur pour descendre dans l'arène des ours mal léchés appelés vulgaire-ment *pressiers*.

(1) S'applatir, signifie se coucher, dormir.

CHAPITRE VII.

Esquisse de la vie privée des ours mal léchés.

Vous arrivez dans un appartement non moins vaste que celui que vous venez de quitter ; les deux murs longitudinaux sont bordés de presses en fer magnifiques; et dans le fond, vous admirez les mécaniques et les demi-mécaniques qui impriment à la vapeur

tous nos journaux ministériels et carlo-républicains.

Arrêtez-vous à une des presses, contemplez

le respectable pressier à la figure bourgeonnée,
à la taille petite mais énorme, aux cheveux
grisâtres, et propriétaire d'un léger extrait

de barbe, (1) qu'il espère couper bientôt avec quelques petits verres de cognac, première qualité, pour *rentasser* les plusieurs petits *canons* qui l'absorbent et lui font faire une *lippe* capable de détourner les orages. Ne vous avisez pas dans un semblable moment de *mécaniser* son ouvrage, car alors, qui que vous soyez, il ne vous resterait plus qu'à numéroter vos os et à descendre la garde.

Les seules paroles qu'il prononce consistent à dire à son compagnon le toucheur :

— Allons, bonhomme, ne fais pas de *moines ;*

Accroche ton rouleau, v'là deux heures...

En effet, deux heures sonnent.

Tous les ours quittent leur vieille veste de travail pour en prendre une autre un peu plus propre et moins usée ; ils relèguent le bonnet de papier pour se coiffer d'une casquette plus

(1) *Extrait de barbe* signifie être ivre.

ou moins élégante, et s'en vont tous en
bourrant leurs pipes artistement cul ltées.

Descendez avec eux et vous ne les suivrez
pas bien loin, car l'estimable marchand de
vin qui rafraîchit leur gosier toujours plus
sec que la pierre, demeure près de l'Imprimerie, et ces MM. y entrent en chantant ce
refrain :

A boire, à boire, à boire,
Versez, amis, versez du vin,
Victoire ! victoire !
Mon verre est plein.

— A ta santé ! Jean-Baptiste, — bois donc,
Coco, ça ne va pas ; — je paie, moi, d'abord,
je régale, j'en ai le droit, n'est-ce pas,
respectable M. Richard ?..

A propos, combien vous dois-je ?.. Donnez-
moi ma note ; vérifiez vos registres et samedi
je vous paierai.

L'honnête marchand de vin se retourne
et prend son ardoise :

— Père Jupin, dit-il, vous avez 36 petits canons à 1 sou, ce qui fait 36 sous ; vous en avez d'autre part 48 à 2 sous, ce qui fait 96 sous ; et enfin 74 petits verres de cognac à 2 sous, 158 sous.

Additionnons :

$$36$$
$$96$$
$$158$$
$$290 \text{ sous.}$$

Ce qui fait 14 fr. 50 c.

— Diable, diable, comme ça monte ! C'est égal, soyez tranquille, *redonnez*-nous une seconde tournée à 2 sous, et je demanderai du *sallé* (1) à la banque. »

Si vous avez eu la patience de faire faction à la porte du marchand de vin, vous voyez nos ours en sortir une demi-heure après. Comme chacun a payé sa tournée, ils sont un peu *émuses ;* et l'un d'entr'eux, celui

(1) *Sallé* veut dire demander de l'argent d'avance.

qui avait déjà son extrait de barbe, chancèle
en criant : vive le roi ! vive l'empereur !

— Dieu ! dit-il, quel temps ! comme il
tombe de l'eau ! avec le vin que je viens de
prendre, ça fera de l'eau rougie...

—Oh ! oh ! là, mon ami, prends-y garde,
Jupin, ne tombe pas ; garrrrr les bornes !..

— Attention ! cocher de malheur, ne m'é-
crase pas, je suis un honnête homme....
Tiens, est-ce que je serais un peu pochard ?.
Comme mes yeux se troublent !.. Dieu de
dieu ! Que va dire la mère Jupin en me
voyant rentrer dans un tel état ?.. C'est fini,
je me range, et je me couche en rentrant. »

Quand l'ours imprimeur a passé les plus
belles années de sa vie à faire usage de canons
et de petits verres, il devient plus sobre et
met quelquefois à la caisse d'épargnes, ce
qui pourtant n'empêche pas que la majeure
partie des ours imprimeurs n'aille finir leur
existence à Bicêtre où ils vivent paisiblement.

CHAPITRE VIII.

Le Singe politique.

e Singe, ou si vous aimez mieux le compositeur d'imprimerie, est un être qui ordinairement a reçu quelque éducation. Ce sont le plus souvent *des malheurs de famille* (il le dit du moins) qui l'ont réduit à travailler ; il n'était pas né pour être

ouvrier ; mais puisque le destin l'a voulu ainsi ,
il a choisi l'Imprimerie pour son *gagne-pain*.
Le père du compositeur était soit diplomate ,
négociant, ou capitaine de la grande armée ;
lui s'est placé dans la typographie parce qu'il
sait que ce métier est le plus honorable et le
plus indépendant ; car il la chérit l'indépendance ; et sa devise, c'est la liberté. Le compositeur fréquente les journalistes ; il écrit quel-

quefois dans les petits journaux, et on en a vu
même qui rédigeaient une feuille mensuelle.
En société, le compositeur ne s'occupe que de
politique ; hier, il maudissait la loi sur les for-
tifications ; aujourd'hui il discute l'illégalité du
recensement *Humann ;* et demain Dieu sait
sur quoi il fera retomber ses lugubres plaintes,
indépendamment de la réforme qu'il prêche
toujours. Dans une émeute, le compositeur est
chargé d'une compagnie d'insurgés ; c'est un
véritable *boute-en-train ;* et jusqu'à la fin de
sa noble carrière, il est la terreur des municipaux, sergens de ville et autres qui sont à ses
yeux des mouchards. Son opinion politique est
bien connue ; il est républicain : aussi fait-il
partie d'une société plus ou moins secrète. Il
veut à tout prix l'application de ses principes ;
car il attend d'un nouveau gouvernement les
anciens titres et les places honorifiques dont
jouissaient ses ancêtres ; après cela, il se dira,
j'ai fait ce que j'ai dû faire, et maintenant
advienne que pourra.

CHAPITRE IX.

Les Hommes de LETTRE et les Gens de Lettres.

Occupons - nous maintenant des rapports qui existent entre les auteurs et les compositeurs d'imprimerie. Comme on le sait, le compositeur, *homme de lettre* lui - même, aime à fréquenter les gens de lettres. C'est un bonheur pour lui quand un écrivain distingué lui a tendu la main ; il en est fier et va proclamer partout son triomphe : « *Victor Hugo*, dit-il, est mon ami ; en voilà un qui est bon enfant, à la bonne heure ; ce n'est pas comme ce ***, une vrai croûte, mon cher ; ça se dit journaliste, ça fait ses embarras ; *as-tu fini !* aussi, qu'une de ses copies me tombe dans les mains, je la lui soignerai.

Il est bon que MM. les Journalistes se fassent bien venir des compositeurs, car s'ils se donnaient des airs de grands seigneurs, leurs articles pourraient bien payer les frais du bon ton. On a vu (et cela dernièrement) dans un journal dévoué aux intérêts de tous les ministères passés, présens et futurs, M. Thiers *a rendu* des services au gouvernement ; c'était tout bonnement une farce du compositeur. Il y avait *rendu* sur le manuscrit.

Dans un ouvrage dont je ne puis me rappeler le titre, je vis un jour : Monseigneur retira *sa culotte* devant ces dames ; en vérité, je ne compris pas trop ce que cela signifiait, mais par bonheur l'*erratum* m'indiqua qu'il fallait lire *calotte*. Ceci était peut-être une coquille faite involontairement, comme on en voit parfois.

Tous les écrivains savent aujourd'hui comment ils doivent se comporter à l'égard des compositeurs, et du reste, ceux qui sont employés à la composition des journaux sont ordinairement les plus capables ; il s'en trouve qui sont assez habiles pour redresser une phrase qui cloche un peu ; ils ne se gênent nullement pour le faire ; si l'auteur n'est pas content, ils l'envoient au diable, et voilà tout.

Le théâtre est une des grandes passions du compositeur ; aussi, pour se payer des soins apportés à tel ou tel ouvrage, le gaillard ne se gêne pas pour dire à un dramaturge : — On donne votre pièce ce soir, mon cher ; j'ai disposé de cinq billets, je compte sur votre complaisance pour les avoir ; soyez tranquille, nous applaudirons ferme. Dites-donc, si vous pouviez m'introduire aux coulisses, je vous

serais obligé ; j'ai un caprice pour la soubrette.
— Volontiers, mon ami, répond l'auteur ; et
le soir notre compositeur, qui est présenté à
la belle pour laquelle son cœur soupire, s'annonce comme journaliste. — Nous allons créer
une feuille littéraire, dont le premier numéro
doit paraître bientôt, dit-il, avec un aplomb
étonnant (et ce prochain numéro ne paraît
jamais) ; soyez certaine, charmante enfant, que
nous ne manquerons pas de vanter vos beaux
yeux. — Diable, pense la soubrette, il est un
peu leste, ce monsieur ; c'est égal, il est bon
à ménager, un journaliste ! il m'abîmerait si je
ne lui faisais pas bonne mine. Alors de s'ex-
primer ainsi avec un sourire gracieux : — je serais flattée qu'une personne pleine de jugement
comme vous fît mon éloge ; et ainsi de suite.
Il est rare que les choses aillent plus loin qu'en
conversation ; car il ne suffit pas d'être beau
garçon et d'avoir de l'esprit pour plaire à une
actrice, il faut encore de l'argent, beaucoup
même, et le compositeur en a bien juste pour
suffire à ses premiers besoins.

Le lendemain on parle à l'atelier de la pièce représentée la veille ; notre amoureux qui n'a rien entendu de l'ouvrage assure qu'il n'est pas trop mauvais. Il cite sa dulcinée comme une femme d'un mérite transcendant : elle ira loin celle-là, ajoute-t-il, et moi, heureux coquin, je la suivrai — sur les planches, — mais non au boudoir...

— A d'autres !...

— Qui veut parier que dimanche je la promène ; j'ai déjà fait des frais énormes pour cette
femme ; hier je me suis acheté une paire de
gants jaunes, des 29 sols, et j'ai fait retaper mon
chapeau à neuf, si bien qu'on me prenait sur le
boulevard pour un officier des chasseurs d'A-
frique, avec ma barbe. Enfin, après l'exposé
de son aventure galante, le compositeur
parle des nouveaux pamphlets d'un publiciste
de ses amis, président d'une société politique
avant la loi contre les associations. Pendant qu'il
s'entretient encore d'une foule d'autres choses
plus intéressantes les unes que les autres,
passons au chapitre suivant.

CHAPITRE X.

Un tour en Province.

Dès que l'ouvrier *caleur* a roulé dans toutes les imprimeries de la capitale, et qu'il ne peut plus *s'embaucher* (1) nulle part, il se met à faire un paquet de toute sa petite garde-robe ; il va décrocher ses effets du Mont-

(1) *S'embaucher* veut dire entrer dans un atelier et y être employé.

de-Piété, qu'il appelle sa tante ; et un beau
matin il prend la barrière Saint-Denis, décidé
à visiter la Picardie, la Normandie et autres
pays, s'il se plaît en province. Son costume de
voyage consiste en une blouse ; il est coiffé
d'une casquette neuve ; il foule la poussière

avec de larges souliers ornés de guêtres de

coutil : dans son sac sont deux chemises, plus
une superbe redingote, un pantalon idem et
des bottes superfines ; il ne lui manque que de
l'argent : il en a bien, mais si peu, que s'il ne
trouve pas d'ouvrage bientôt, il se verra forcé
de demander *la passe* (1), et son amour-propre
s'en sentira plus d'une fois humilié. Quand il
faut voyager à pied et dans l'été surtout, et que
la chaleur est grande, on a besoin de se rafraî-
chir ; aussi notre voyageur à chaque cabaret
s'arrête-t-il pour épancher la soif qui le dévore ;
de sorte que quand il a fait une trentaine de
lieues, il a dépensé plus d'argent que s'il avait
pris la diligence. Lorsqu'il arrive dans une ville
quelconque, son premier soin est d'aller chez
les Imprimeurs demander du travail ; mais
hélas, on n'a rien pour le moment ; et notre
héros prie le patron de vouloir bien lui per-
mettre de visiter son atelier. A ses saluts réité-
rés et à son air confus, on le reconnaît de

(1) Demander *la passe*, c'est demander des secours
aux ouvriers des lieux où l'on passe.

suite ; et avant qu'il n'ait dit un mot, le prote
lui demande son livret ; il le lit attentivement,
puis quitte sa place pour prier ses camarades
de secourir notre infortuné sans ouvrage :
bientôt on a ramassé cinq à six francs, que
l'on remet au malheureux voyageur qui tire sa
révérence avec un plaisir extrême, en assurant
une reconnaissance éternelle. Quand il a par-
couru un espace de deux cents lieues, il commence à se fatiguer de la vie de coureur. Il ne
trouve pas toujours et partout des cœurs com-
patissans à ses malheurs, et le pain qu'il mange
est souvent bien sec ; alors il met sa tête dans
ses deux mains, réfléchit un instant, et marche
en revenant vers Paris, sa ville natale, Paris
où il a un père pour le gronder, et une mère
pour lui faire la soupe ; Paris où il va revoir
tous ses amis. Oh ! il franchit l'espace d'un pied
léger ; son cœur bat de joie en revoyant l'honnête gablou de la barrière ; voyez, lui dit-il,
il n'y a rien de sujet aux droits. Alors, pour
arriver plus vite au toit paternel, il monte en

omnibus, et pour six sous il se trouve dans les bras de ses chers parens qui pleurent de joie en voyant leur enfant chéri. Ah ! leur dit-il, j'ai travaillé à Amiens pendant un mois ; mais je m'y suis tant ennuyé ! je crois que je serais mort d'ennui de ne pas vous voir. Me voici ; maintenant, je ne bouge plus ; je vais aller chez mon ancien bourgeois, le prier de me rembaucher, et je deviens ogre ; la province ne vaut pas Paris : pourtant le vin n'y est pas cher !

CHAPITRE XI.

Les petits théâtres de société.

ntre tous les auteurs dramaturges dont s'honore la typographie, la plupart à l'exemple de Shakespeare et de Molière remplissent le rôle principal de leurs drames, reçoivent à la fois les doubles applaudissemens d'auteurs et d'acteurs ; car leurs pièces seraient-elles des plus mauvaises, dès qu'elles sont jouées elles sont bien accueillies, parce que les spectateurs se composent en grand nombre des camarades de l'atelier, des mou- tards, et des sensibles brocheuses. Or, nos

Baron (1) en herbe, qui pour leur premier

(1) Baron, célèbre comédien.

début sont très satisfaits, méprisent peu à peu les petits théâtres et rêvent de nouveaux sujets de drame pour l'Ambigu ou la Porte-St-Martin, espérant qu'ils seront bientôt les émules de MM. Alexandre Dumas, Scribe et autres.

Pour les auteurs qui n'ont pas le bonheur de se voir jouer dans aucun des théâtres du boulevard, et qui pensent que les ganaches de directeurs n'ont pas su apprécier leur mérite, ils montent un petit théâtre de société, dans le grand salon du marchand de vins de leur imprimerie. Les brocheuses se font actrices, et le grand moutard de l'atelier devient un autre Alcide-Touzet.

L'auteur qui veut absolument faire parler de son ouvrage, et prouver que c'est à tort que MM. les directeurs auxquels il l'a présenté ont refusé de le jouer, va trouver un de ses amis attaché à n'importe quel théâtre, et le prie de vouloir bien assister à toutes les répétitions, en ayant soin de faire ses observations aux ac-

teurs toutes les fois qu'ils ne diront pas une
scène comme il faut, ou que leur maintien ne
sera pas convenable.

Enfin, après une trentaine de répétitions, le
jour de la représentation arrive; tous les
papas et mamans des compagnons de l'auteur

sont invités. La salle est éclairée de quinquets qui répandent une lueur blafarde, et un
farceur d'apprenti s'est transformé en municipal; il tient rigoureusement la consigne, et
ne laisse entrer qu'à bonne enseigne.

Le régisseur a frappé les trois coups d'usage, le rideau se lève, c'est l'auteur qui apparaît en redingote bleue barbeau et pantalon de nankin, orné d'un jabot plissé, — je veux dire l'acteur et non le pantalon :

— Messieurs et dames, dit-il d'une voix émue, nous allons avoir l'honneur de vous donner une première représentation des *Voleurs de la forêt de Bondy*, drame en cinq actes et dix-huit tableaux, dont je suis l'auteur. Le spectacle sera terminé par le *Premier succès de Jean - Baptiste*, vaudeville nouveau de M. Eugène Nyon. Dans cette pièce, qui fait fureur aux *Délassemens comiques*, Mˡˡᵉ Nini Paméla remplira le premier rôle, que l'auteur a bien voulu lui apprendre lui-même. N'ayant pas encore l'habitude de la scène, nous réclamons toute votre indulgence; je crois devoir vous prévenir que Mˡˡᵉ Nini Paméla est un peu enrhumée, mais j'espère que le bol de vin chaud que je vais lui faire prendre, fera passer sa toux. »

Après cette courte allocution, le rideau tombe, tout le monde crie bravo! bis! — et la musique composée d'un violon, d'un orgue de barbarie et d'une grosse caisse, commence la *Marseillaise* dont l'aimable société chante en chœur le refrain.

Enfin, le rideau se lève de nouveau. La scène se passe chez un marchand de vin qui demeure au bord de la forêt. On voit Mam'-zelle Nini Paméla en petit jupon rouge très court, avec un corsage jaune, coiffée d'un joli foulard. Elle s'appelle Justine dans la pièce; elle est en train de balayer l'appartement où sont rangées des tables prêtes à recevoir la pratique.

Dieu, dit-elle, voilà six heures, et mon Dodore n'est pas de retour! se serait-il zégaré dans la forêt? Je frémis rien que d'y penser; ze l'aime tant, ce cher petit; il est si beau avec ses longs cheveux blonds! lui, il m'aime aussi, j'en suis sûre, et il ne m'en dit rien; c'est l'innocence incarnée que ce garçon là. Ah ! si mon père savait comme je l'aime, il me le donnerait de suite pour mari : mais je l'entends, c'est lui, courons lui ouvrir. »

En effet, M. Isidore, jeune bûcheron de la forêt, entre en chantant :

Oui j'épouserai la meunière
Qui me fait toujours les yeux doux...

—Comment, comment, dit mam'zelle Jus-

tine, ce n'est pas moi que vous voulez épouser?... Oh! l'ingrat!... hi.. hi.. hi... et elle essuye ses grosses larmes avec le coin de son tablier.

— Mais qu'avez-vous donc à pleurer ?.. dit à son tour Isidore, je dis que j'épouserai la meunière parce que c'est comme ça dans la chanson ; mais vous savez bien que je suis fou de vous, et que je n'aurai jamais d'autre femme.

Un gros monsieur qui est parmi les spectateurs se lève alors et se met à crier, en s'adressant à l'acteur :

·— Eh bien, moi, je te dis que tu ne l'épouseras pas sans mon consentement, et je m'oppose à ce mariage, polisson; prends ta redingotte et partons. Voyez-vous mon gaillard qui veut épouser une fille de rien, une brocheuse qui n'a pas le sou.

— Dis donc, toi, vieil invalide, ne répète pas ce que tu viens de dire, c'est mon enfant que tu insultes...

— Je m'en fiche pas mal, répond le gros
monsieur qui est le père du bel Isidore...

Alors une lutte s'engage entre les deux
champions, et pendant qu'ils se boxent avec

fureur, chacun des spectateurs se sauve ;
le marchand de vin éteint ses quinquets et
appelle deux municipaux qui passent dans
la rue, pour empoigner les perturbateurs
qui mettent son établissement en désordre.

Pendant ces entrefaites, M. Isidore se décide à ne jamais remettre le pied chez son rustre de père, et dès le lendemain il quitte Paris et va chercher de l'ouvrage en province, emmenant avec lui sa bien-aimée Nini Paméla qu'il épouse définitivement devant la mairie du treizième arrondissement.

CHAPITRE XII.

La Saint-Jean-Porte-Latine et la Saint-Martin.

L e singe et l'ours, comme tous les autres bipèdes faisant partie du genre humain, ont aussi leurs plaisirs ; comme nous avons déjà eu occasion de le démontrer, on a dû remarquer que le singe avait un goût très prononcé pour la politique et pour la fabrication des pièces de théâtre. L'amour est aussi son élément, il le cultive le plus souvent avec la séduisante brocheuse ; mais parfois il s'élève plus haut, et va chercher pour amante une *aimable lorette*, devenant ainsi le rival des

étudians de première classe. Le singe a les plaisirs aussi simples que les goûts ; mon Dieu, il s'amuse de rien ; une partie de campagne avec sa dulcinée, une cavalcade au bois de Boulogne, ou bien encore un tour à la chaumière ; ce sont ses seuls agrémens, à part, bien entendu, les petits théâtres de société.

Vienne par exemple le six mai, jour de la St-Jean-Porte-Latine, fête des compositeurs, le singe fait ce qu'il appelle ses frais. Tous les compagnons du même atelier se réunissent pour aller dîner aux *Vendanges de Bourgogne,*

et cet illustre restaurant devient alors le théâtre des débauches les plus désordonnées. Cette délicieuse noce dure au moins trois jours, jusqu'à ce qu'enfin les eaux soient devenues tellement basses, qu'il faille retourner à ce maudit atelier.

Vienne le carnaval, c'est encore une des jouis-

sances qu'éprouve le compositeur. Musard est témoin de son léger cancan ; il voit aussi quelquefois les tribulations du malheureux danseur, quand par un avant-deux un peu hasardé, il excite la susceptibilité chatouilleuse des municipaux qui , sourds à ses explications , le conduisent sans pitié à l'hôtel des *z'haricots*, pour ne l'en faire sortir que le lendemain.

L'ours n'éprouve sur la terre qu'une seule jouissance, c'est celle de boire et de manger : boire surtout. Oh ! quand il boit, il est tout-à-fait dans sa sphère ; le vin, c'est plus que la moitié de sa vie ; aussi consacre-t-il le dimanche et le lundi à chanter les louanges de Bacchus. Dans presque toutes les Imprimeries il existe un réglement, et celui qui en enfreint par malheur le plus petit point, est mis à l'amende. Quand vient la Saint-Martin, patron des ouvriers imprimeurs, les ours se partagent *le bon*, ou si vous aimez mieux toutes les amendes de l'année ; et au lieu , à l'exemple des singes, d'employer leur argent à faire un

fameux dîner , ils dissipent leur *Saint-Jean*
en Bourgogne ou en vin de Surenne ; heureux
encore lorsqu'ils n'escomptent pas sur l'avenir.
Il arrive quelquefois à l'ours de mener toute
son estimable famille à Belleville , où l'on
trouve maintenant des dîners de table d'hôte
à vingt-deux sous ; la bonne société se réunit
à ces espèces de banquets où les dames ont le
droit de fumer et de s'appeler autrement que
par leurs noms. L'ours adore ce genre de compagnie , et s'avilit ainsi aux yeux des singes qui
ne fréquentent que le beau monde.

CHAPITRE XIII.

Où l'auteur est essentiellement satisfait.

Suis-je bientôt arrivé à mes cent vingt-huit pages ? voyons, pas encore. Que faire et surtout que dire ? Je ne puis pas en vérité vous parler des petits pâtés de *Félix*, ni de la galette du père *Coupe-Toujours* ; je ne puis

pas non plus vous décrire l'intérieur de l'obé-
lisque ni du puits de Grenelle ; vous connais-

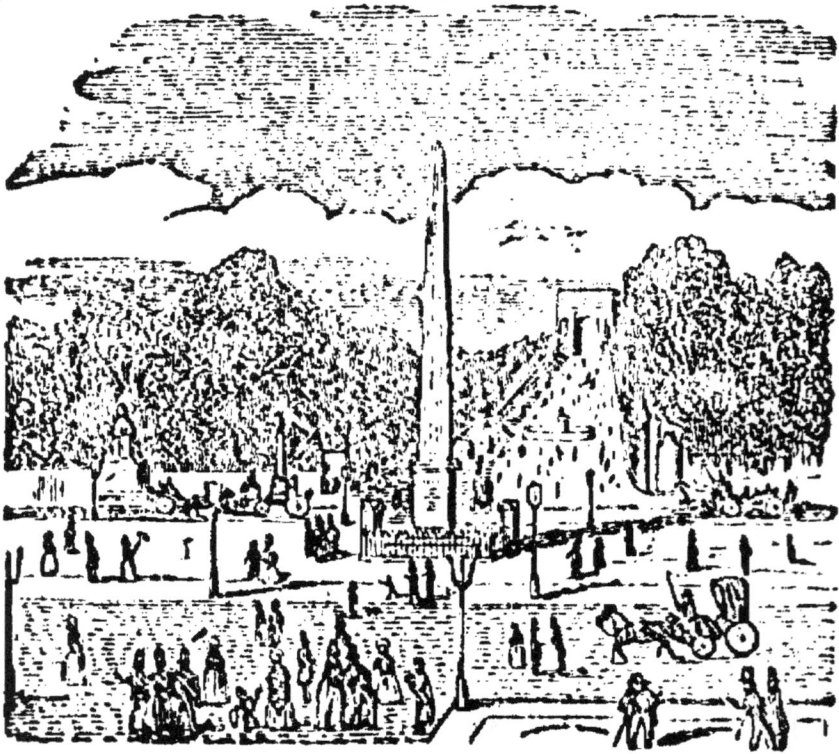

sez ces sortes de choses beaucoup mieux que
moi, et ce serait m'éloigner par trop de ma
route. O grand *Bilboquet*, patron des jobards,
viens à mon aide ; fais-moi sortir de l'ornière
dans laquelle je suis embourbé ; tu ne souf-

friras pas, n'est-il point vrai, que je devienne
un second *Petit Jean*. Inspires-moi donc, ou
je méconnais à l'instant ta puissance.

. . . .

. . . .

Si j'avais l'esprit de M. Jules Janin, je vous
entretiendrais à son exemple de ma chère personne, de mes pensées, de mes projets, de
mon mariage ; mais n'ayant pas ce bonheur,
je craindrais de vous ennuyer en ne vous occu-
pant que de moi. Mais pardon, Bilboquet vient
de me conseiller d'accorder quelques pages au
grand *Gutenberg* ; je vais suivre son avis ; mais
avant et pour en finir avec mon type, je dois
vous dire comment le singe finit sa noble carrière : prêtez-moi toute votre attention.

Le singe travailleur, quand il ne se fait pas
imprimeur-marron, achète avec le fruit de
ses économies, une petite maisonnette dans
les environs de Paris, et devient marguillier de
sa paroisse ; il meurt avec l'absolution de ses
péchés et l'espérance du paradis.

Pour le singe caleur, il n'aspire dans ses vieux jours qu'à l'emploi de régisseur des quinquets dans un théâtre quelconque; on en a vu pourtant s'accrocher à un cordon de porte cochère ou se faire croque-morts ; il y en a même qui ont été jusqu'à s'enrôler dans l'admirable corps des sergens de ville ; mais ces derniers n'avaient plus d'autres ressources : on ne peut pas mourir de faim sur le pavé, et il faut bien vouloir ce que l'on ne peut empêcher. Mais quelle que soit la destinée qui l'a vu fermer les yeux, il n'en a pas moins toujours été jusqu'à la fin un bon enfant et un parfait *licheur.*

Maintenant, ô vous singes et ours qui m'avez lu, pardonnez-moi si, bien contre mon gré, j'ai pu offenser votre susceptibilité; pardonnez-moi! car je suis à tous votre ami, votre frère ; je suis un enfant de la balle. Si, au contraire, vous êtes contens de moi , faites-en part à vos amis; dites-leur que la *Physiologie de l'Imprimeur* ne se vend qu'un franc, pas davantage : c'est pour rien ! demandez plutôt au libraire. Après cela, mes camarades, il ne me reste plus qu'à vous souhaiter tous les bonheurs possibles et impossibles, et à vous donner ma bénédiction.

Biographie de Gutenberg.

Personne n'ignore aujourd'hui que c'est à
Jean *Genszfleisch*, surnommé *Gutenberg*,
selon les uns, ou Jean *Zumjungen de Gutenberg*, selon les autres, à qui nous devons
l'admirable invention de l'Imprimerie. Ce fut
vers l'année 1400 que naquit Gutenberg ; sa
amille qui était praticienne possédait à Mayence
n hôtel du nom de *Zumjungen*, et un espèce
de château appelé *Gutenberg*, dans les environs
de la ville. Gutenberg habitait Strasbourg, et

avait à peine vingt ans lorsqu'il fit sa brillante découverte, qu'il alla ensuite perfectionner à Mayence. D'abord il se fit sculpteur sur marbre, puis se mit à graver des planches en bois sur lesquelles il taillait des lettres en relief et en sens inverse ; mais après plusieurs essais infructueux, Gutenberg, presque découragé, se décida à confier son secret à quelques personnes, notamment à *Meydenbach* et à Jean *Fust :* l'intelligence de ce dernier contribua beaucoup au succès de l'entreprise. Pourtant ce ne fut qu'après dix années de tribulations continuelles que les trois associés parvinrent à rendre leur procédé praticable. Ils gravèrent, comme l'avait fait précédemment Gutenberg, des lettres en bois qu'ils barbouillèrent d'une encre épaisse et gluante ; sur ces planches ils posèrent des feuilles de parchemins, légèrement mouillées, qu'ils serrèrent au moyen d'une presse ; après cette opération ils retirèrent leur parchemin qui se trouva empreint de caractères.

Après avoir, par ce moyen, imprimé quelques petits ouvrages, ils divisèrent les lettres de leurs planches ; puis en façonnèrent séparément en bois, en plomb, en étain et en cuivre ; mais ces lettres de proportions inégales, se trouvèrent d'un difficile emploi, et leur but ne fut pas encore atteint. Alors ils s'adjoignirent Pierre *Schœffer*, qui bientôt parvint à surmonter les plus grands obstacles. Après avoir gravé des poinçons, frappé des matrices, fabriqué des moules, il leur donna la justification nécessaire et fondit des caractères.

Les deux premiers livres qui furent faits en lettres mobiles étaient la *Bible* et le *Psautier ;* mais les frais énormes qu'avaient occasionés l'impression de ces deux ouvrages, ruinèrent les trois associés, et forcèrent Gutenberg à se séparer d'avec ceux auxquels il avait appris les premiers élémens de son art. Or, il revint à Strasbourg et y fonda un atelier ; mais là il ne fut pas compris des habitans : tout le monde demeura immobile devant son entreprise, et il se décida à aller s'établir à *Harlem*, en Hollande. Il ne fut pas plus heureux dans ce pays qu'il ne l'avait été à Strasbourg, et se vit encore forcé de l'abandonner pour entrer au service de l'Electeur, on ne sait en quelle qualité. Ce fut un an après, en 1468, qu'il mourut emportant dans la tombe cette pensée, qu'un jour on se souviendrait de lui, et que l'on rendrait un hommage éclatant à sa mémoire. Il fut enterré à Mayence, dans l'église des Récollets ; et le praticien *Gelthus* lui fit cette épitaphe :

D. O. M. S.

Joanni Genszfleisch artis impressorie repertori de omni natione et lingua optime merito in nominis sui memoriam immortalem Adam Gelthus posuit (1).

(1) A Jean Genszfleisch, inventeur de l'art de l'imprimerie, qui a le mieux mérité de toute nation et de toute langue, Adam Gelthus fit cette inscription en mémoire immortelle de son nom.

La statue de Gutenberg, à Strasbourg.

Le quatrième anniversaire séculaire de l'invention de l'Imprimerie a été dignement célébré par l'inauguration de la statue du créateur de ce bel art. Après le pompeux programme livré d'avance par la presse, qui eût pu prévoir l'enthousiasme qu'excita cette fête toute populaire! Honneur à l'artiste qui en immortalisa le héros! Honneur à M. David (d'Angers)!

Le mérite de la statue de Gutenberg consiste dans une sorte d'animation mystérieuse qui lui fait avancer brusquement la jambe comme pour marquer un pas soudain dans la marche de l'humanité, qui fait tordre le corps sur lui-même comme par un tressaillement profond, qui se répand enfin en clartés mélancoliques sur la figure, dont un bonnet fantasque augmente encore la rêverie et l'étrangeté. Voilà bien le vieux et puissant chercheur de nouveauté qui a passé sa vie en quête de la réalité d'un songe sublime, et qui vient de dégager la grande inconnue de son problème. Le mouvement délibéré avec lequel il jette au monde la première page imprimée, les mots qui sont écrits sur cette page : *Et la lumière fut !* indiquent l'importance de son invention, la générosité et la hardiesse avec laquelle le génie français en a usé.

La fête de 1840 pour l'inauguration de la statue de Gutenberg a duré trois jours. Le lecteur me saura gré d'avoir reproduit dans ce

qu'il a d'intéressant, le compte-rendu authen-
tique de cette solennité nullement officielle.

Le premier jour, 24 juin, dès le matin,
la ville offrait l'aspect le plus animé ; presque
toutes les maisons avaient arboré le drapeau
national ; la plupart, et celles surtout qui se
trouvent sur le passage du cortège, étaient en
outre ornées de fleurs et de guirlandes. Des
services religieux qui ont été célébrés par les
différents cultes, à la cathédrale, au Temple-
Neuf, au Temple Réformé et à la Synagogue,
ont précédé, dans la matinée, la cérémonie de
l'inauguration du monument de Gutenberg.
A midi, le son de la cloche de la flèche a
annoncé l'ouverture de la fête ; les autorités et
les différents corps invités à faire partie du
grand cortège se sont réunis dans la grande salle
et dans la cour de l'Hôtel-de-Ville.

Vers une heure, le cortège se mit en marche.
Venaient d'abord les musiques réunies des régiments de la garnison, formant la tête du cortège, et accompagnées de deux drapeaux

nationaux ; les élèves des écoles primaires, les apprentis de la société d'encouragement au travail pour les jeunes israélites ; les élèves de l'école industrielle, les institutions particulières, les orphelins avec des bannières ; les élèves du gymnase, du petit séminaire, de l'école normale, du collége royal ; MM. les étudiants de l'Académie, portant des brassards dont la couleur jaune, amarante, cramoisie, écarlate ou violette, indiquait, par ce signe distinctif universitaire, qu'ils appartenaient à la faculté des lettres, des sciences, de médecine, de droit, ou à celle de théologie. Puis arrivait la bannière des imprimeurs, décorée des armes qui leur furent octroyées, en 1450, par l'empereur Frédéric III ; puis la bannière aux armes de Gutenberg ; elles étaient suivies des apprentis imprimeurs et libraires, des ouvriers imprimeurs, des commis de librairie, des maîtres imprimeurs et libraires de Strasbourg, tous portant à la boutonnière, comme marque distinctive, une rosace bleue et rouge avec un bouton d'or au milieu.

Après les imprimeurs venaient les autorités
civiles et militaires, MM. les officiers de l'état-
major de la division et de la place, ainsi que
ceux des différents corps de la garnison ; le
corps des officiers de santé militaires ; les
membres du conseil de préfecture, du conseil-
général et de l'arrondissement, du tribunal
civil, du conseil municipal, du clergé de
chaque culte, du tribunal de commerce,
etc., etc.; puis une députation de Polonais
réfugiés avec leur drapeau national ; les
membres des deux comités de la fête et
des comités des états. Les députations des
villes et des corps savants étaient réparties
par intervalles sur toute la ligne du cortège;
elles étaient chaque fois accompagnées par
des membres du comité portant des écharpes
tricolores à franges d'argent. L'Académie française et celle des sciences morales et politiques étaient représentées par MM. Dupin
aîné et Blanqui aîné, tous deux revêtus du
costume de membres de l'Institut. Les dé-

putations des imprimeurs, des libraires et des fondeurs de Paris, celles du comité de Lyon et de la ville de Nancy, et des imprimeurs de Rio-Janeiro, étaient précédées de leurs bannières.

La marche de ce cortège composé de près de deux mille personnes, a offert un ordre et une régularité admirables. Sur son passage, une foule considérable se pressait derrière les militaires qui formaient la haie ; toutes les fenêtres jusqu'aux lucarnes mêmes étaient garnies de curieux, et une affluence immense encombrait les abords du Marché-aux-Herbes, dont l'intérieur avait été réservé aux membres du cortége. La place était élégamment décorée de pavillons bleus, blancs et rouges, qui flottaient au-dessus des arbres formant l'enceinte du marché. Au milieu de la place on remarquait la statue de Gutenberg, qu'un voile d'étoffes rouge et blanche cachait aux regards du public. Au pied du monument se trouvaient établis une presse, des casses d'imprimeur, un appareil de fonderie et un brochage où des ouvriers se sont mis, dès l'arrivée du cortège, à fondre des caractères, composer, imprimer, plier et rogner un hymne composé pour la circonstance.

Les membres du cortège ayant tous pris place autour du monument, M. Liechtenberger père, avocat, vice-président du comité, est monté sur une tribune élevée en face de l'estrade, et a prononcé un discours fréquemment interrompu par les applaudissements. Au passage de son discours où il rendait hommage au talent éminent de l'artiste qui avait reproduit pour la postérité les traits de Gutenberg, au moment où le nom de David échappa aux lèvres de l'orateur, le voile tomba, et l'immense assemblée des tribunes, des maisons, de la place, accueillit par de longs et unanimes applaudissements l'apparition de ce beau travail. Au même moment, le bruit des cloches, le tonnerre du canon et les fanfares se mêlèrent aux acclamations de la foule.

Les bas-reliefs représentent les bienfaits dont quatre parties du monde sont redevables, depuis quatre siècles, à la découverte de l'Imprimerie.

L'EUROPE.

Au milieu du bas-relief, à la gauche du spectateur, est Descartes, la tête appuyée sur sa main, dans une attitude méditative. Au-dessus, Bacon et Boerhaave. A ses côtés, et toujours sur la gauche, Shakspeare, Corneille, Molière et Racine. Sur le gradin inférieur, Voltaire, Buffon, Albrecht Durer, Le Poussin, Calderone, le Camoëns, Puget. Au-dessus de Puget, le Tasse et Cervantes. Au-dessus de Durer, Milton et Cimarosa.

A droite du spectateur, Luther, Leibnitz, Kant, Copernic, Gœthe, Schiller, Hegel, Jean-Paul Richter, Klopstock. Tout près du cadre, Linnée, et Ambroise Paré. Près de la presse et au-dessus de Luther, Erasme, J. J. Rousseau et Lessing ; on ne voit que le dessus de la tête des deux derniers. Sous le gradin, au-dessous, Volta, Galilée, Newton, Watt, Papin. Un peu plus bas, Raphaël.

Groupe d'enfants étudiant ; on remarque parmi eux un nègre et un Asiatique. L'enfant est le symbole des générations.

L'ASIE.

Près d'une presse, William Jones et Anquetil Duperron donnent des livres aux brahmes et en reçoivent des manuscrits. A gauche, et près de William Jones, est Mahmoud II lisant le *Moniteur;* il est vêtu de son nouveau costume ; l'ancien turban est à ses pieds ; près de lui un Turc lit dans un livre. Sur le gradin inférieur un empereur de la Chine tenant à la main le livre de Confucius. Près de lui un Chinois et un Persan. Un Européen instruit de jeunes enfants. Groupes de femmes asiatiques placées près d'une de leurs idoles. Rammohun-Roy, célèbre philosophe indien, est placé sur un second plan.

L'AFRIQUE.

A gauche, et s'appuyant sur la presse, Wilberforce serre contre son cœur un nègre déjà possesseur d'un livre. Des Européens distribuent derrière lui des livres aux Africains. De jeunes Européens instruisent les petits noirs.

A droite, Clarkson délie les mains d'un nègre et brise ses fers. Au second plan, Grégoire en relève un et presse sa main sur son cœur. Groupe de femmes élevant leurs enfants vers le ciel, qui ne couvrira bientôt plus que des hommes libres. A terre, des fouets de commandeur et des fers brisés.

L'AMÉRIQUE.

A gauche, Franklin vient de tirer de dessous la presse l'acte d'indépendance de l'Amérique. Près de lui Washington et Lafayette, qui presse sur sa poitrine l'épée que lui donne sa patrie adoptive. Jefferson et les hommes qui ont signé ce grand acte d'émancipation sont près de lui. A droite, Bolivar serre la main d'un sauvage, et l'engage à prendre place parmi les hommes.

« Certes, ajoute le narrateur que nous citons encore plus bas, il y aurait bien quelque chose à dire sur cette nomenclature de grands hommes. Voilà plus d'artistes que de philosophes, plus de chanteurs que de sages. Où est Bichat, où est Broussais? Quelle plus grande science que la science de la vie pouvait trouver place au pied de l'immortalisateur de la parole? Où est Fourier, grand comme Christ, misérable et martyr comme Christ? Où est Gall surtout, le flambeau de la sculpture, Gall, sublime devin qui nous montre l'esprit de l'homme imprimé sur la tête de l'homme, en types ineffaçables? Mais la critique de l'œuvre de David n'est ni dans mon goût, ni dans mon rôle. La hauteur de la pensée a de quoi, d'ailleurs, faire pardonner mille fois les oublis de la forme. »

Le maire de Strasbourg[, M. Schluttemberg,
qui a dirigé toute les cérémonies avec l'ha-
bileté calme et ingénieuse d'un père de famille,
et dont l'excellente administration est estimée
par tous les partis, a ensuite prononcé un discours remarquable, dans lequel il a fort bien
exprimé le sens de ces paroles : *Et la lumière
fut*, gravées par M. David sur la feuille que la
statue tient dans ses mains. Après lui, M. Sil-
bermann, imprimeur, membre du comité, a
pris la parole pour donner des détails fort in-
téressants sur la vie de Gutenberg.

Dans l'intervalle des discours, la foule en-
tonnait en chœur des hymnes composés, sur
des airs populaires, par un habitant de la ville,
M. L. Levrault, et imprimés sur la place et à
l'heure même. Les chants étaient accompagnés
par la musique réunie de quatre régiments.
Plus de cent mille personnes étaient rassem-
blées sur un espace très restreint, toutes atten-
tives, animées d'un noble enthousiasme : c'é-
tait, au dire des personnes présentes, un

spectacle impossible à décrire. Tous les yeux cherchaient M. David que sa modestie avait tenu éloigné du théâtre de la fête. Dès la veille, une sérénade lui avait été donnée dans son hôtel.

A quatre heures, plusieurs imprimeurs, accompagnés de tous les ouvriers imprimeurs de la ville, se sont rendus dans des bateaux pavoisés à la Montagne-Verte, où se trouvait autrefois le couvent de Saint-Arbogast, dans lequel Gutemberg a longtemps demeuré. C'est là aussi que Gutemberg conçut d'abord l'idée de l'art typographique par caractères mobiles. Arrivés dans ce lieu histotique, l'un d'entre eux retraça dans un discours le but de ce pélérinage ; puis une collation leur fut servie, à laquelle les ouvriers typographes, membres de la députation lyonnaise, avaient été conviés.

Le soir, M. le maire a réuni à un grand dîner les personnes étrangères invitées, et les députations des différentes villes.

A la nuit, la ville presque entière s'est illuminée spontanément ; toute la population parcourait les rues pour jouir du coup d'œil de cette illumination, la plus brillante que l'on ait vue depuis plusieurs années à Strasbourg. Une foule immense se portait surtout sur la place du Marché-aux-Herbes, sur laquelle la musique du 34e de ligne a exécuté, pendant une partie de la soirée, différents morceaux d'harmonie, et où la statue de Gutenberg, couronnée d'une auréole de gaz, brillait au milieu des lueurs des feux de Bengale que l'on allumait par intervalle aux quatre angles du monument. Tous les édifices publics et la flèche de la cathédrale étaient également illuminés.

Pendant que la plus grande partie de la population se livrait, dans les rues, à des réjouissances que ni le plus léger trouble ni le moindre désordre ne sont venus interrompre un seul instant, la fête se terminait, à la salle de spectacle, par un brillant concert qui s'est prolongé jusqu'à minuit.

Le second jour, la fête a pris un caractère encore plus populaire. Les artisans ont formé un cortège industriel, qui a commencé à midi, et qui jusqu'à deux heures et demie a donné à la ville un des plus admirables spectacles qu'elle ait jamais vus. Nous citons à ce sujet la relation d'un témoin oculaire.

« École industrielle, selliers, vitriers, peintres, tamisiers, serruriers, maréchaux, ferblantiers, chaudronniers, fondeurs, jardiniers, cultivateurs, fleuristes, habitants de la Robertsau, teinturiers, tisserands, cordiers, tanneurs, bottiers, coiffeurs, tailleurs, menuisiers, charrons, bouchers, meuniers, boulangers, marchands de poissons, confiseurs, fabricants de peignes, fabricants de chaises, tourneurs, tailleurs de pierre, charpentiers, plâtriers, maçons, papetiers, imprimeurs, lithographes, relieurs, potiers, tapissiers, cortège de villageois des environs de Strasbourg en costume national.

» Pareil cortège n'avait pas traversé Strasbourg depuis 1810. Je n'aurais jamais osé rêver ce que je viens de voir ; les fêtes de Cérès et de Bacchus sont retrouvées. Figurez-vous une

suite immense de jeunes gens revêtus des costumes les plus gracieux, les plus coquets; de
jolis enfants couronnés de roses, portant les
outils, les emblèmes de chaque état, marchant
au son de vingt musiques différentes. Puis trente
voitures faites de feuillages, traînées par des
chevaux magnifiques harnachés de rubans :
celle des serruriers avec une forge en activité,
et le fer battu tout rouge sur l'enclume; celle
des ferblantiers traînant un pavillon entouré de
buissons, avec un bassin et de l'eau jaillissante;
celle des jardiniers, montagne de fleurs, serre
ambulante où toutes les beautés de la culture
étaient amoncelées; celle des menuisiers, des
ébénistes, chargées de chefs-d'œuvre à rendre
jalouses nos écoles royales d'arts et métiers;
celle des tourneurs, avec un enfant beau comme
l'amour, tournant un socle de bois de cyprès
pour un buste de Gutenberg que les mouleurs
de l'Ecole industrielle exécutaient au même
instant; les charrons avec une diligence; les
tonneliers avec leurs tonneaux sans cerceaux,

et leur phalange de danseurs bleus et blancs,
que l'Opéra engagerait demain si quelqu'un de
là bas avait pu les voir nouer et dénouer leurs
quadrilles si hardis, si variés, si parfaits; les
bouchers, troupe d'enfants aux robes de feuil-
lage, aux chapeaux de fleurs, menant en laisse
des agneaux à la laine traînante rattachés avec
des roses, troupe de forts et robustes jeunes
hommes maîtrisant deux superbes taureaux aux
cornes dorées; des tailleurs de pierre, et au
milieu d'eux un clocheton beau comme la flèche
de la cathédrale; les marchands de poissons avec
un bâteau plein d'eau où nageaient des poissons énormes, une carpe centenaire, une lote
monstrueuse; les tailleurs et leurs cinq types des
anciens costumes français : un magistrat, un châ-
telain, un bourgeois, un paysan et un soldat; les
papetiers, fabriquant le papier, depuis le chiffon
jusqu'à la mise en rames; les lithographes, à
la bannière peinte d'hier, tirant le portrait de
Gutemberg et le jetant à la foule; les imprimeurs enfin, vrais héros de la fête, sur un char

à huit chevaux, occupés tous à la presse , composant , tirant et distribuant par centaines des pièces de vers en l'honneur de l'aventurier de Mayence. Et tout ce monde beau , jeune , fier, sentant sa dignité et sa force , et pourtant rougissant de joie aux applaudissements qui saluaient son passage ; et l'École industrielle, ce bel œuvre, ce bienfait immense de la municipalité strasbourgeoise, groupe d'enfants aux yeux pétillants d'intelligence , et qui nous montraient si joyeusement, celui-ci son dessin, celui-là son tableau, cet autre son bas-relief, et que sais-je , moi ! J'en oublie , je m'y perds ; mais je suis heureux, je viens de voir un grand peuple ! »

A six heures du soir, un grand banquet de cinq cents couverts a eu lieu à la Halle-aux-Blés; toutes les autorités et les députations étrangères y assistaient. La cordialité la plus franche n'a cessé de régner un seul instant, et les toasts suivis de nos airs nationaux , accompagnés par le chant de *la Marseillaise* , ont électrisé tous

les cœurs et resserré encore les liens de fra-
terni·é et de sympathie qui, depuis deux jours,
confondaient dans une joie commune tous les
sentiments et toutes les opinions.

A sept heures du soir, un spectacle gratis a
eu lieu dans la salle du théâtre, offert par le
comité aux industriels, aux artisans, aux ouvriers et à leurs familles qui avaient concouru
au cortège.

A dix heures enfin, la journée a été couronnée par un autre spectacle d'un effet mer-
veilleux. La flèche de la cathédrale, depuis la
plate-forme, a été illuminée avec des lances à
feux de couleur, par les soins de MM. les artifi-
ciers de l'artillerie de l'ex-garde nationale de
Strasbourg. Une traînée de feu, serpentant de
la base au sommet de la flèche, a allumé en un
instant, au milieu des détonations des pièces
d'artifice, les lances de couleur, qui ont donné
à la cathédrale un aspect vraiment féerique.
Ces festons de pierres, éclairés au milieu d'une

nuit obscure par les nuances les plus diverses, et dans lesquels étaient comme enchassés de brillants rubis, rappelaient les descriptions féeriques dont se berce l'imagination orientale. Les cris d'enthousiasme de la foule qui, malgré la pluie, se pressait dans toutes les rues et sur les places, ont témoigné de toute son admiration pour ce magnifique spectacle. L'illumination des maisons particulières était presque générale comme la veille, et des feux de Bengale ont été allumés par intervalles autour du monument de Gutenberg.

Les fêtes de Gutenberg ont été closes le troisième jour par une loterie industrielle que les ouvriers ont tirée, et par un magnifique bal, dont des décors nouveaux et gracieux, une affluence prodigieuse, et un orchestre imposant, ont fait une solennité pleine d'intérêt, et désormais impérissable dans le souvenir de la ville de Strasbourg et de ses hôtes nombreux.

Ce serait beaucoup oublier que de passer sous silence le banquet d'adieu offert au grand artiste DAVID, au sculpteur de Gutenberg qui n'osait l'accepter.

Cette fête improvisée eut lieu aux *Contades*, aux portes de Strasbourg ; des toasts chauds de patriotisme, y furent portés. On y a lu de M. Cormenin absent le beau discours écrit que voici, où il esquisse à larges traits l'épopée historique de l'Imprimerie :

« La meilleure manière de louer les inventeurs, c'est de faire connaître la véritable portée et les effets propres de leur invention. Aussi nous saurons mieux ce que nous devons à Gutenberg, en disant d'abord ce que nous ne lui devons pas. Non, avant Gutenberg l'univers n'était pas plongé dans les ténèbres de l'ignorance et de la barbarie. Le vieil Homère avait chanté sa divine Iliade : Eschyle avait inventé la tragédie pleine de terreurs et de larmes, et Ménandre et Térence la comédie au masque joyeux. Aristote avait posé les fondements de la politique ; Platon avait disserté dans son magnifique langage sur la nature et les facultés de l'âme. Non, nous ne serons point ingrat envers la merveilleuse antiquité : nous ne dirons pas que l'Imprimerie a donné le jour aux arts de l'imitation, à l'histoire, à la poésie, à la philosophie, à la religion, à la science du gouvernement.

« Mais nous dirons que ce qui l'a faite véritablement maîtresse des affaires et reine du monde : c'est qu'elle a engendré, après un laborieux enfantement, la Liberté de la Presse! c'est qu'elle a substitué, et nous n'énumérons ici qu'une partie de ses prodiges, c'est qu'elle a substitué un seul compositeur à 20, 000 copistes, un coup de piston donné dans une seconde à cent heures de travail, la force qui pense à la force qui tue, la publicité au secret, et la polémique des journaux aux vagues rumeurs des historiographes et aux délibérations intérieures des sénats et des conseils.

« Elle a multiplié sa puissance par sa vîtesse.

« Elle a porté chez tous et à tous ce qui jadis

ne se distribuait que chez les grands et à quelques-uns.

« Elle a popularisé la lecture, universalisé les langues et démocratisé la pensée.

« Elle a rendu possible le gouvernement du pays par le pays.

« Elle a donné dix mille lieues carrées d'espace aux forums étroits de l'antiquité.

« Elle a élevé, comme sur le pic de la plus haute montagne, un phare immense qui domine le temps, qui brille de sa propre lumière, et qui, une fois allumé, ne peut plus s'éteindre, semblable aux feux éternels de Vesta.

« Elle a été chercher dans leur abaissement et dans leur solitude les pauvres, les serfs, les petits, les infirmes, et elle a secoué sur eux les rameaux de l'arbre de science, tout chargé de rosée, de fruits et de fleurs.

« Jusqu'ici les conquérants ont écrasé les peuples sous la roue de leurs canons ; mainte-

nant des cylindres puissants de la mécanique
s'échappent nuit et jour des millions de feuilles
volantes qui passent par-dessus les fleuves, les
forteresses, les lignes de douane, les montagnes
et les mers, et qui vont lancer au loin sur l'i-
gnorance et sur le despotisme les projectiles
intelligents de la presse.

« Oui, les idées, comme autant d'armées
pacifiques, s'avancent au pas de charge sur les
champs de bataille de l'avenir ; c'est par la
propagande des idées, c'est par l'Imprimerie,
liberté, que tu vaincras, *hoc signo vinces!*

« Dieu n'a donné le génie aux grands
hommes que pour servir la liberté ; chaque
découverte a fait faire un pas de plus à la cause
du progrès. L'invention de la poudre a ren-
versé l'aristocratie militaire de la noblesse ; la
boussole a frayé aux navigateurs des routes
nouvelles à travers des océans inconnus ; le
télescope a révélé d'autres univers ; la vapeur
a décuplé, centuplé les forces de l'homme,
du cheval, de l'eau et du vent ; les chemins de

fer centraliseront les royaumes de l'Europe sous le même gouvernement, et l'Imprimerie, l'Imprimerie changera les conditions et la forme des sociétés modernes. L'Imprimerie achèvera la révolution que l'Évangile a commencée : l'Évangile a apporté à tous les hommes l'égalité civile, l'Imprimerie leur apportera l'égalité politique.

« Puisse, grâce à l'initiative de la presse française, puisse la sainte et contagieuse fédération des intelligences rendre bientôt inutile l'emploi des bayonnettes ! Puissent, à pareil jour, dans un siècle, nos descendants, assis où vous l'êtes, célébrer la liberté, l'égalité et la fraternité de tous les peuples de la terre, et se tournant vers la statue de Gutenberg, lui porter comme vous ce toast :

« A Gutenberg, l'émancipateur du genre humain ! »

COUPLETS

CHANTÉS

dans un Banquet d'Imprimeurs,

A L'OCCASION

DE LA NAISSANCE DU ROI DE ROME.

Air : *Avec étonnement j'ai vu.*

Sans y penser, notre empereur
Est au nombre de nos confrères ;
Ce puissant et riche Imprimeur
A chez lui tous les caractères.
Il tient sa *perle* d'un fondeur
Que l'on renomme dans Vienne :
De cette *perle*, par bonheur,
Il a fait une *parisienne*.

Il a trouvé dans son sénat
Une bonne *philosophie*,
Et dans ses conseillers d'état
Des *Cicero* qu'il ont envie ;

Il a mis en *Saint-Augustin*
Plus d'un discours qui nous étonne,
Et son joli *petit romain*
Est fondu sur corps de *mignonne*.

De ses exploits, de ses talens
Le *Trismégiste* offre l'image,
Ses *textes* sont pour tous les temps
Ceux du génie et du courage;
Il a *gaillarde*, *gros canon*,
Qui dans sa garde toujours veille;
Et lui-même est un *parangon*,
Et sa gloire est la *nonpareille*.

ÉPITRE

D'UN SINGE A UN AUTRE SINGE

PRÉSENTEMENT PHYSIOLOGISTE.

(*AD CONCLUSUM.*)

AMI SINGE,

Fort bien pensé à toi. Tu comprends avec madame de Staël qu'*il ne faut pas laisser croître l'herbe sur le chemin de l'amitié*, et tu m'offres, par moitié, les prémices de ta plume. Merci donc de cette bienveillante dédicace. Sur ce , n'espère pas qu'il me vienne le moins du monde l'idée de disséquer au scalpel de la critique, ton œuvre de début, sur l'un de nos *carrés de papier* , — comme il plaît à un bel esprit fort de nommer les journaux. — Analyser de l'anatomie, ce serait au moins absurde : et puis, entr'eux, les singes ne se croquent pas.

Pourtant, en dehors de tout contrôle, je me prends quelquefois d'humeur en feuilletant ces physiologies plus ou moins illustrées qui, sous prétexte de reproduire les types, ne laissent de nous qu'une méchante caricature. Ici ressort le pire travers de notre esprit railleur d'origine française : rassembler sur une toile tous les ridicules d'une physionomie, qui en sont les fausses ombres, et y effacer à plaisir les rayons, — c'est la créature de Prométhée, moins le feu du ciel qui est bien dérobé alors qu'on le met sous le boisseau. — Lavater s'y prenait au rebours.

Aussi, j'aurais voulu essayer la réhabilitation

8

de l'Imprimerie comme profession artistique, l'Imprimerie qu'un écrivain a osé appeler quelque part les *Invalides* des vocations manquées..... Il a osé cela tandis qu'on inaugurait magnifiquement à Strasbourg la statue de Gutenberg !

Il me faudrait une large page de burin pour pouvoir y inscrire les mille illustrations qui ont marqué dans les fastes de la Typographie.

Le bonhomme Franklin arriverait en première ligne. — Il poussa si loin son économie de savoir-vivre, distribua si bien l'emploi de son temps, avec la précision de l'horloger, — avec la régularité du séminariste, allais-je écrire, — que de simple apprenti il devint célèbre Imprimeur et mourut gouverneur de la Pensylvanie. — C'est inimitable, de nos jours. — Pourquoi ?.. — On te répondra : les chemins sont encombrés.

Néanmoins, l'atelier d'Imprimerie fourmille plus que jamais de génies incompris, messies, révélateurs, poètes, mathématiciens, guerriers, politiques et philosophes, pas mal de tribuns et beaucoup d'inventeurs... Tout s'y rencontre, depuis la plus incroyable prétention jusqu'au mérite réel.

L'Imprimerie n'a-t-elle pas donné :

L'immortel Béranger, le poète national, le vrai philosophe par excellence, l'homme le plus pur de ce siècle de macairisme ;

Le Gilbert du dix-neuvième siècle, Hégésippe Moreau, pauvre compositeur, poète prolétaire que nous avons vu mourir sur le grabat de l'hôpital ;

Adolphe Boyer dont la tombe est encore ouverte, l'économiste dévoué, intelligent et consciencieux, qui a rencontré le suicide dans la frénésie du désespoir ;

Enfin, notre contemporain, l'incorruptible Pierre Leroux, le penseur profond, auteur de la *Nouvelle Encyclopédie*, du livre de *l'Humanité*, maintenant actif collaborateur de George Sand dans la *Revue indépendante*...

Et tant d'autres dont la citation remplirait

un gros volume et que ma mémoire échappe,
aut d'autres qui ont un titre dans la science,
la littérature, les arts, la périodicité et le
théâtre.

Sans oublier ces modestes ouvriers qui ont
patiemment contribué à l'avancement de notre
art, — depuis l'*ours* infortuné dont l'invention
substitua l'usage du *rouleau* à celui des *balles*,
— ce qui ne l'empêcha pas de finir tristement ;
— jusqu'au créateur de la *presse mécanique*,
précieuse et fatale découverte qui laisse tant
de bras inutiles, à défaut de l'ingénieuse orga-
nisation qui la rendrait si secourable dans
l'excès du travail. Car, sans devancer par imagination les destinées des arts, on peut prévoir
une époque meilleure où les machines rempla-
ceront totalement l'homme amené par son
propre développement à de plus nobles fonctions.

En attendant, combien de frères se con-
sacrent tous les jours à la cause commune, et
saluent ainsi l'aurore d'un bel avenir...

Combien dont les noms brillent en reflets d'or sur l'airain de la colonne de juillet, tandis que leurs cendres dorment dans les caveaux de la Bastille.....

Combien ont vainement arrosé de leur sang le sol rendu ingrat de l'Algérie, ou se sont obscurément sacrifiés en des luttes généreuses!.

Combien, dans la crise industrielle, deviennent *fortificationnistes* par nécessité, et s'emploient aux terrassemens, sauf à démolir plus tard ces jolis forts qu'ils exècrent du fond du cœur.

— Je ne parle que de l'époque, quand depuis quatre siècles, dès 1440, la Typographie a fait une énorme dépense de génie, d'héroïsme, de dévouement et de vertu....

Après cela, enfans de Gutenberg, soyons fiers de nos lettres de noblesse.

Salut et amitié.

Ao. W. *Singe et journaliste.*

Écrit de l'atelier, à Beauvais, le jour des Rois, 6 janvier de l'an de grâce et d'espérance 1842.

P.-S. A la minute de t'adresser cette lettre, figure-toi, mon cher, que j'allais me trouver en retard d'un demi-siècle avec la pendule du progrès. Oui, tandis que ma plume trottait sur sa ligne, lui, volait à toute vapeur sur son chemin de fer. Deux siècles à la minute !... C'était à lui en devoir des dommages-intérêts ; or, le progrès ne se paie pas en *monnaie de singe*... Voici donc ce que nous apprend la renommée par ses cent bouches de fer, — je veux dire la presse par ses cent bouches de papier :

« MM. Young et Delcambre ont inventé une machine à clavier propre à remplacer dans l'Imprimerie le travail actuel du compositeur. Cette invention est déjà passée dans le domaine de la pratique. La *Phalange de Londres* (*London Phalanx*) composée typographiquement par le nouveau procédé a été le premier essai appliqué à la presse périodique. Une nouvelle ère est ouverte dans l'art de l'Imprimerie.

» Avec un peu de pratique et d'expérience, la composition typographique deviendra un travail tellement facile et même élégant, que les dames pourront s'asseoir devant le clavier de la machine comme devant un piano, et fixer en caractères métalliques l'expression de leurs sentimens et de leurs pensées, avec aussi peu de peine qu'elles en ont maintenant à les confier au papier. Chaque touche du clavier est marquée d'une lettre, et quand on met le doigt successivement sur plusieurs touches, les lettres correspondantes viennent se ranger à leur place en aussi peu de temps qu'il en faudrait pour épeler le mot. Ce procédé multipliera les produits typographiques et en réduira le prix, sans toutefois diminuer le nombre des ouvriers ou abaisser les salaires, car la production à bon marché augmente toujours la demande...», du moins c'est la consolation de l'humanitaire M. Dupin, l'ami des ouvriers, le théoriste de l'abnégation à tout prix dont lui-même est si praticien.

TABLE.

—

FIN.

PHYSIOLOGIES-DESLOGES.

L'année qui vient de s'écouler sera à jamais bénie par toutes les caisses de tous les éditeurs possibles, — 1841, an de grâce et de physiologies, en as-tu fait une dépense de cet esprit fin, gai, drôle ; en as-tu fait une consommation de ces in-32 plus ou moins jaunes et illustrés ; en as-tu usé de ces cent vingt-huit pages, lettres ornées, culs-de-lampes, vignettes ; le tout à vingt sous, — un franc par abonnement. Qu'on se le dise !

La lutte a été acharnée entre les éditeurs ; c'était à qui écraserait l'autre par son luxe d'impression, la richesse de sa gravure, l'esprit de son texte, le drôlatique de son titre. Je vais vous citer quelques-unes des physiologies d'un des vainqueurs entre les vainqueurs.

Physiologie des quartiers de Paris.
Illustrations d'Henri Emy.

Tout Paris passe devant vous : — La Cité d'Antin et la rue Mouffetard, la lorette de la rue de Trévise, la duchesse du faubourg Saint-Germain, la grisette de la rue Saint-Jacques, son inséparable étudiant, le musculeux faubourg Saint-Antoine et le Marais. C'est un véritable panorama. La capitale se meut dans cent vingt-huit pages de texte. — Un franc! c'est pour rien.

Physiologie du Curé de campagne.

Illustrations par Lacoste et Kolb.

Voici un petit livre qui repose. C'est une si bonne et si vénérable figure que celle de ce curé de campagne ; c'est une vue qui plaît tant au cœur que celle de ce presbytère modeste et hospitalier ; c'est une si sublime chose que cette vie toute d'abnégation ! Les marmots du village le connaissent bien, le bon curé; c'est lui qui en a fait de bons fils, qui en fera de bons maris et de bons pères. C'est à lui que viennent les petits enfans comme ils venaient à Jésus ; il les embrasse, les bénit, et a toujours pour eux quelque chose en poche. Tous les honnêtes gens voudront lire la physiologie de ces hommes de bien.

Physiologie des Champs-Elysées,

70 vignettes. — 1 vol. Prix : 1 franc.

Physiologie du Boudoir et des femmes de Paris.

Illustrations de Lacoste.

Physiologie du boudoir. Voilà un titre qui promet piquans détails, aventures, passions cachées, défaites méditées, attente, soupirs, passion, dépit, baisers, pleurs, rires, voluptés, etc., etc. Ce titre fait espérer tout cela, il tient plus qu'il ne promet, je vous jure.

Les belles femmes de Paris, la femme libre, — la lionne pur sang, — le bas bleu, — les belles actrices, ont fourni à l'auteur des articles aussi vrais que spirituels.

Physiologie des Bals de Paris.

par CHICARD et BALOCHARD.

Chicard et Balochard, ces deux héros de nos bals masqués, viennent de publier leurs impressions. Hâtez-vous, amateurs d'avant-deux risqués, de cachuchas téméraires, de pastourelles anti-municipales, hâtez-vous, l'édition s'épuise, quelques jours encore, et il ne sera peut-être plus temps.

Physiologie de la Toilette,

par Charles DEBELLE et A. DELBÈS.

TAILLEUR,

Prends co titre de gloire, ornes-en ta boutique,
Et tâche pour un *franc* d'en parer ta pratique.

CECI VOUS REPRÉSENTE la physiologie la plus étonnante, la plus variée, la plus spirituelle, la plus drôle, la plus amusante, que jamais cerveau ait enfantée.

Physiologie de l'Amant de cœur.

1 vol. illustré, Prix 1 franc.

Physiologie du Vin de Champagne.

PAR DEUX BUVEURS D'EAU.

Illustrations de Rouget.

Ces deux gaillards-là m'ont l'air d'avoir été *pénétrés* de leur sujet, à en juger par l'allure du petit livre. Tout frappe, tout vit, tout pétille. C'est un tohu-bohu d'esprit, de bouchons, de bons mots, de bouteilles, de verve, de folle joie. C'est entre un long verre et une fiole à goulot d'argent qu'ils ont écrit, ces deux buveurs d'eau qu'ils ne sont pas ; ils ont trempé leur plume dans le champagne, les sybarites ! Voyez combien leur cerveau a grossi, leur crâne va éclater, les goulus ! Ces têtes-là sont pleines de ce qu'ils écrivent.

Physiologie du Parterre.

Types de spectateurs,
par Léon d'Amboise.

Au rideau, — La Queue, — Avant, — Pendant, — Des bravos et des clés, — Musique du mari, — Une chûte, — Une ovation, — Spectateur riant, — Spectateur pleurant, — Spectateur dormant, — Spectateur désappointé, — Relâche, — Spectateur dépaysé, — Physiologie de la spectatrice, — De la loge grillée.

Tels sont les titres des principaux chapitres. — Voilà, je pense, de quoi piquer la curiosité.

Les Écrivains de la Mansarde,

POÉSIE ET PROSE.

2 beaux vol. in 8⁰ avec couverture lithographiée.
Prix : 2 fr. le vol.

Cet ouvrage, fruit d'un appel à tous les jeunes écrivains de la France, publié sous la dédicace de M. DE CHATEAUBRIAND, est composé d'articles choisis entre plus de mille qui ont été proposés.

**HYGIÈNE DU FUMEUR ET DU PRI-
SEUR**, 1 joli vol. in-16, orné de 48 belles gravures.
Prix : broché.   75 c.
    Relié à la Bradel.   1 fr. 50 c.

INFLUENCES DU TABAC SUR L'HOMME;

Précédé de l'histoire du Tabac ; son commerce ;
considérations relatives à sa culture, sa fabrication, sa vente et son régime de
perception ; suivi de ses actions
vénéneuses et médicales.
Un volume in-octavo.
Prix : 3 francs.

MÉTHODE CHINOISE, mise à la portée de
tout le monde, ou l'Art de calculer sans savoir ni lire,
ni écrire, par TEYSSÉDRE ; grand in-18.
                            Prix :   1 fr. 25.

Voilà une méthode appelée à un grand retentisse-
ment, et qui va rendre le plus grand service aux
personnes qui ne possèdent aucun élément de calcul.
Les mères pourront, sans aucune difficulté et dans
une seule séance, apprendre à leurs enfans plusieurs
règles ; les maîtres pourront, dans une heure, en-
seigner à leurs élèves, de manière qu'ils ne puissent
jamais l'oublier, plus d'arithmétique qu'ils n'en eussent
appris en plusieurs mois par les méthodes ordinaires.

HISTOIRE DES EMBAUMEMENTS et de
la préparation des pièces d'Anatomie normale, d'Anatomie pathologique et d'Histoire naturelle ; suivie de
procédés nouveaux, par J. N. Gannal ; deuxième
édition, revue et augmentée. 1 vol. in-8o. Prix : 5 fr.
    Par la poste,   6 fr. 50 c.

TRAITÉ DES PROCÉDÉS DE M. GAN-NAL, mis à la portée de tout le monde ; Embaumement indéfini et sans mutilation des Oiseaux, Quadrupèdes, etc. ; découverte qui a mérité à l'inventeur le grand PRIX MONTHYON ; suivi de l'art de Mégir, de Parcheminer, d'Empailler et de monter les Peaux ; méthode qui dispense de toutes les préparations usitées, *la seule qui préserve les objets d'Histoire naturelle des attaques des insectes ;* 3e édition, augmentée de 24 pages de texte et ornée d'un beau portrait. Prix : 1 fr.

NOUVEL ALBUM DE PEINTURE DE FLEURS ; Traité d'Aquarelle mis à la portée de tout le monde, orné de 10 belles planches d'Études graduées, par CHAUDESAIGUES fils, peintes par HUGUET, artiste de la manufacture des Gobelins. Grand in-18. Prix : 1 fr.

PEINTURE LITHOCHROMIQUE, ou imitation sur toile, et l'art de donner aux objets dessinés au crayon, à l'estompe, aux lithographies, gravures, etc, l'apparence d'une jolie peinture à l'huile ; suivie des procédés pour peindre et décalquer sur le bois et les écrans, et d'obtenir avec un petit nombre de couleurs, toutes espèces de nuances. 4e édit. in-12. Prix : 75 c.

PEINTURE ORIENTALE et Peinture sur verre, ou l'Art de peindre sur papier, mousseline, velours, verre, bois, etc., des fleurs, fruits, papillons, oiseaux, le portrait, le paysage, etc., sans le secours d'un maître, ni connaissance du dessin : 2e édit. in-12. Prix : 75 c.

PHOTOGRAPHIE, Méthode pour faire à la fois, même sans connaître le dessin, 15 beaux portraits ou paysages, oiseaux, fleurs, etc ; suivie de la manière de graver sur bois et de donner au fer l'apparence de l'argent ; in-12, avec portrait. Prix : 1 fr.

MANUEL D'HORLOGERIE PRATIQUE, mise à la portée de tout le monde ; démonstration de l'échappement du cylindre et du repassage desdites montres par des moyens simplifiés, avec 4 planches ; par C. F. ROBERT, élève des Ecoles de l'Horlogerie suisse, breveté du gouvernement français.
Prix : 1 fr. 50 c.

IMITATION DES LAQUES chinoises, anglaises et japonaises, suivie de la Chiffonomie, la Gouache, la Marqueterie, et avec planches. Prix : 1 fr.

PHYSIOLOGIE DU CHANT, par Stéphen de la Madeleine, ex-récitant de la Chapelle royale et à la Musique particulière du roi : 1. vol. grand in-18, orné du portrait de l'auteur. Prix : 2 fr. 50 c.

ALBUM ARTISTIQUE, consacré à l'enseignement de tous les genres de coloris Grand in-4º.
Prix : 1 fr.
Avec une gravure. 2 fr.

MANUEL DES BAIGNEURS, Précédé de l'Histoire DES BAINS chez les peuples anciens et modernes ; emploi raisonné des bains chauds, froids, de vapeur, simples ou composés, et des eaux minérales de France et de l'étranger, leurs propriétés curatives et les saisons spéciales à chaque source ; par RAYMOND, docteur en médecine 1 vol. in-12.
Prix : 1 fr. 50 c.
Par la poste, 2 fr.

PHYSIOLOGIES ILLUSTRÉES

à 1 fr. le volume.

→

PHYSIOLOGIE du vin de champagne.
— des cafés de Paris.
— des quartiers de Paris.
— du curé de campagne.
— des physiologies.
— du parterre.
— du boudoir.
— des bals.
— de l'argent.
— des Champs-Elysées.

Physiologie du chant, par *Stephin de la Madelaine*,
ex-chanteur à la chapelle et à la musique particulière de la chambre du roi ; grand in-18 avec
un beau portrait, 2 f. 50 c.

www.ingramcontent.com/pod-product-compliance
Lightning Source LLC
Chambersburg PA
CBHW051732090426
42738CB00010B/2214